MINISTÈRE
DE L'INSTRUCTION PUBLIQUE ET DES BEAUX-ARTS.

CATALOGUE

DU MATÉRIEL SCIENTIFIQUE

DES

LYCÉES ET COLLÈGES DE GARÇONS.

PARIS.

IMPRIMERIE NATIONALE.

1884.

CATALOGUE

DU MATÉRIEL SCIENTIFIQUE

DES

LYCÉES ET COLLÈGES DE GARÇONS.

MINISTÈRE
DE L'INSTRUCTION PUBLIQUE ET DES BEAUX-ARTS.

CATALOGUE

DU MATÉRIEL SCIENTIFIQUE

DES

LYCÉES ET COLLÈGES DE GARÇONS.

PARIS.

IMPRIMERIE NATIONALE.

1884.

NOTICE EXPLICATIVE.

Le catalogue des instruments de géométrie, mécanique, cosmographie, physique et chimie comprend deux listes distinctes. L'une, désignée par la lettre A, s'applique aux lycées et aux collèges importants. L'autre, correspondant à la lettre B, convient aux petits collèges dont les ressources sont restreintes.

Dans la première catégorie, il y a encore lieu de distinguer les établissements qui possèdent une classe de mathématiques spéciales, l'enseignement de cette classe exigeant sur beaucoup de points un matériel plus étendu. Une indication particulière (M. S.) à la colonne des observations fait connaître les instruments qui se rapportent exclusivement au cours de mathématiques spéciales.

On a marqué d'un astérisque (*) certains appareils d'un grand intérêt au point de vue de la science ou de ses applications, et se rattachant d'une façon plus ou moins directe aux programmes de l'enseignement secondaire. Leur acquisition doit dépendre de l'importance de l'établissement et de l'état de son cabinet de physique en ce qui concerne les instruments de première nécessité.

La Commission n'a pu faire rentrer formellement dans les listes les objets étrangers aux programmes de l'enseignement secondaire. Elle ne prétend cependant pas faire obstacle au désir des professeurs qui sont chargés des conférences de licence dans les lycées ou qui ont entrepris des recherches scientifiques, quand ils veulent acquérir les instruments nécessaires. Elle exprime seulement le vœu que ces sortes de demandes soient accompagnées d'une note expliquant leur objet et soient autant que possible appuyées par l'Inspection générale.

La Commission s'est renseignée avec le plus grand soin sur le prix des instruments. Toutefois les prix portés sur la liste ne sont pas absolus. Certains constructeurs font des remises sur les prix de leurs catalogues. Mais l'avis formel de la Commission est qu'au delà de certaines limites il y aurait danger à rechercher l'économie. Quand un constructeur livre à trop bon marché, il compense cette concession par un moindre soin dans la main-d'œuvre, et il livre des instruments qui ont de l'apparence, qui fonctionnent pendant un certain temps, mais qui sont bientôt hors d'usage sans pouvoir être efficacement réparés. On pourrait citer beaucoup de cabinets de physique qui en peu d'années ont complètement disparu pour cette cause. Pour cette raison la Commission ne serait pas d'avis de faire appel à la concurrence des constructeurs; elle pense qu'il vaut mieux continuer à s'adresser pour la fourniture des instruments aux maisons qui offrent le plus de garanties et à payer les appareils ce qu'ils valent.

Il importe de remarquer que les indications relatives aux quantités nécessaires des divers produits chimiques et au nombre des objets du matériel de chimie se rapportent exclusivement aux exigences des cours et ne comprennent nullement la consommation supplémentaire nécessitée par les manipulations. La liste des objets et des produits dont les manipulations comportent l'acquisition dépend essentiellement du programme qu'elles doivent embrasser dans chaque classe et du nombre des élèves qui y prennent part.

MINISTÈRE
DE
L'INSTRUCTION
PUBLIQUE
ET DES
BEAUX-ARTS.

DIRECTION
DE L'ENSEIGNEMENT
SECONDAIRE.

3ᵉ bureau.

ENSEIGNEMENT SECONDAIRE.

I. LISTE DES APPAREILS

pour l'enseignement de l'*Arithmétique*, de la *Géométrie*, de la *Cosmographie*, de la *Mécanique*, de la *Physique* et de la *Chimie* dans les lycées et les collèges.

A. Lycées et grands collèges.
B. Petits collèges.

DÉSIGNATION DES OBJETS.	A.	B.	OBSERVATIONS.
	fr. c.	fr. c.	
I. Arithmétique, système métrique, géométrie et dessin géométrique.			
(Division élémentaire et division de grammaire de l'enseignement classique; cours préparatoire et de 1ʳᵉ année de l'enseignement spécial.)			
Boulier compteur......................	12 à 20	12 à 20	
Mètre en bois.......................	1 50	1 50	
Tableau représentant le mètre carré divisé en décimètres carrés (grandeur naturelle)...	15 00	15 00	
Décimètre cube décomposé en centimètres cubes...........................	9 00	9 00	
Décimètre cube en fer-blanc............	8 40	8 40	
Modèle de stère......................	17 00	17 00	
Mesures de capacité en étain (série complète)	14 00	14 00	
Mesures de capacité en fer-blanc pour le lait............................	3 00	3 00	
Mesures de capacité pour l'huile..........	3 00	3 00	
Mesures de capacité en bois pour les matières sèches...........................	45 00	45 00	
Balance de Roberval, pesant un kilogramme.	25 00	25 00	
Poids gradués en cuivre (une série complète, allant du gramme au kilogramme)......	10 00	10 00	
Poids en fonte (poids moyens)..........	9 00	9 00	
Tableau du système métrique français......	"		Prix suivant les dimensions.

2.

DÉSIGNATION DES OBJETS.	A.	B.	OBSERVATIONS.
	fr. c.	fr. c.	
Arithmétique, système métrique, géométrie et dessin géométrique. (Suite.)			
Règles divisées pour l'évaluation des rapports.........................	2 50	2 50	
Règles articulées pour la génération des angles..........................	2 00	2 00	
Accessoires pour le dessin au tableau (grand compas en bois, équerre, rapporteur, té).	12 00	12 00	
Tableaux représentant les principales figures de la géométrie plane..................	7 à 20	7 à 20	
Planchettes minces en bois, en carton, en zinc, etc., décomposées, représentant les principales figures planes............	56 00	56 00	
Polyèdres élémentaires en bois, etc. (de $0^m,20$ à $0^m,25$ de hauteur); cube, parallélépipèdes rectangle, droit, oblique; prismes triangulaires; prismes quelconques; pyramides diverses; tronc de pyramide......	50 00	50 00	
Parallélépipède rectangle décomposé en cubes; parallélépipède droit se transformant en un parallélépipède rectangle équivalent; parallélépipède oblique se transformant en un parallélépipède droit équivalent; parallélépipède décomposé en deux prismes triangulaires équivalents; prisme triangulaire décomposé en trois pyramides triangulaires équivalentes; tronc de pyramide décomposé en trois pyramides.............	55 00	55 00	
Cylindres et cônes de révolution..........	20 00	20 00	
Développement des solides ci-dessus........	25 00	25 00	
Sphère de $0^m,15$ de diamètre, coupée suivant un grand cercle et suivant un petit cercle.......................	14 00	14 00	
Représentations graphiques des solides ci-dessus.....................	"	"	Prix divers.
Sphère ardoisée sans méridien ni parallèle..	"	"	Prix suivant les dimensions.
Compas sphérique pour tracer des cercles sur la sphère ardoisée.................	"	"	Idem.
Appareil à rotation pour la génération des surfaces de révolution (cylindre, cône et sphère).	80 00	80 00	

DÉSIGNATION DES OBJETS.	A.	B.	OBSERVATIONS.
	fr. c.	fr. c.	
II. Géométrie descriptive et applications.			
(Division supérieure de l'enseignement classique; mathématiques élémentaires et mathématiques spéciales; enseignement spécial.)			
Modèles en plâtre, fils, bois, etc., des collections Bardin-Muret, représentant des polyèdres et des surfaces diverses avec leurs lignes remarquables, leurs sections planes, leurs intersections réciproques, la coupe des pierres et des bois, etc., le prix d'une collection variée, de................	100 à 500	100 à 200	
Prix d'un modèle, de................	3 à 50	3 à 20	
III. Arpentage et nivellement.			
Chaîne d'arpenteur et fiches.............	4 50 à 6 00	4 50 à 6 00	
Ruban métrique en acier, de 10 mètres....	7 à 12	7 à 12	
Roulette de toile, de 10 mètres...........	3 à 6	3 à 6	
Trois jalons peints.....................	9 00	9 00	
Équerre d'arpenteur avec pied...........	28 00	11 50	
Planchette demi-grand aigle avec genou à la Cugnot.......................	95 00	45 00	
Alidade à pinnules.....................	32 00	32 00	
Graphomètre avec pied et aiguille aimantée..	60 00	50 00	
Boussole d'arpenteur avec pied...........	45 00	45 00	
Niveau à bulle d'air, de $0^m,22$...........	12 00	5 00	
Niveau d'eau avec genou et pied..........	30 00	20 00	
Mire à coulisse développant 4 mètres.......	24 00	24 00	
IV. Cosmographie.			
Globe céleste.......................	"	"	Prix suivant les dimensions.
Carte des constellations visibles sur l'horizon de Paris	"	"	Idem.

DÉSIGNATION DES OBJETS.	A.	B.	OBSERVATIONS.
	fr.　c.	fr.　, c.	
Cosmographie. (Suite.)			
Appareil de démonstration pour les saisons..	//	//	) Prix suivant les modèles.
Appareil de démonstration pour les phases de la lune................................	//	//	Idem.
Appareil de démonstration pour les éclipses..	//	//	Idem.
V. Mécanique.			
Peson à ressort.......................	15 00	10 00	
Appareil pour démontrer expérimentalement la composition des forces parallèles......	110 00	//	
Appareil pour démontrer expérimentalement la composition de deux forces concourantes.	110 00	//	
Appareil pour la démonstration des propriétés du levier........................	110 00	//	
Balance ordinaire......................	45 00	30 00	
Balance romaine.......................	30 00	30 00	
Balance de Roberval...................	45 00	30 00	
Balance-bascule de Quintenz............	75 00	75 00	
Poulies et moufles.....................	100 00	35 00	
Treuil.............................	16 00	14 00	
Cabestan...........................	16 00	15 00	
Roue à chevilles......................	16 00	15 00	
Cric..............................	50 00	//	
Chèvre............................	16 00	//	
Tribomètre de Coulomb.................	30 00	//	
Pendules oscillant dans l'air et dans l'eau....	45 00	//	
Frein à ruban........................	120 00	//	
Courroie sans fin avec poulie folle, tendeur et désembrayeur.....................	80 00	//	
Engrenage cylindrique..................	60 00	//	
Engrenage conique.....................	60 00	//	
Engrenage à lanterne..................	90 00	//	
Roue dentée à crémaillère..............	50 00	//	

DÉSIGNATION DES OBJETS.	A.	B.	OBSERVATIONS.
	fr. c.	fr. c.	
Mécanique. (Suite.)			
Vis sans fin à filets carrés..............	70 00	”	
Bielle, manivelle et glissière............	140 00	”	
Modèle des principaux systèmes d'excentriques..........................	225 00	”	
Cames et pilon......................	180 00	40 00	
Rainure excentrique, galet et glissière......	70 00	”	
Appareils qui, sans être indispensables, peuvent rendre des services dans l'enseignement.			
Chariot pour démontrer l'indépendance mutuelle des effets de plusieurs forces agissant simultanément sur un même point..	160 00	”	
Appareil pour la démonstration des effets des roues dentées.......................	80 00	”	
Modèle de mouton à déclic.............	20 00	”	
Modèle de manège de maraîcher..........	40 00	”	
Modèle de moulin à vent..............	70 00	”	
Machine à vapeur de Watt, avec chaudière...	800 00	”	
Modèle de tiroir à distribution...........	24 00	”	
Modèle de parallélogramme de Watt........	180 00	”	
Modèle de losange de Peaucellier..........	80 00	”	(*)
Modèle de régulateur de Watt............	125 00	”	
Modèle de l'injecteur Giffard............	160 à 200	”	
Dessin avec pièces mobiles de la machine de Watt, en carton.....................	30 00	30 00	
Dessin de locomotive.................	35 00	35 00	
Dessins de machines des bateaux à vapeur à roues, à hélice.....................	35 00	35 00	
Vis d'Archimède....................	60 00	”	
VI. Physique.			
Instruments de mesure.			
Modèles de vernier..................	10 00	10 00	

DÉSIGNATION DES OBJETS.	A.	B.	OBSERVATIONS.
	fr. c.	fr. c.	
Physique. (Suite.)			
Compas d'épaisseur......................	10 00	10 00	
Machine à diviser......................	640 00	*)	M. S.
Sphéromètre......................	220 00	»	
Cathétomètre de 1^m,10 de course.........	950 00	»	M. S.
Viseur (colonne de 1 mètre, en millimètres).	180 00	»	M. S.
Compteur à seconde, à pointage.........	200 00	»	(*)
Plan à 3 vis calantes....................	20 00	»	M. S.
Niveau à bulle d'air....................	15 00	10 00	
Pesanteur.			
Tube pour la chute des corps dans le vide...	40 00	30 00	
Marteau d'eau......................	5 00	5 00	
Machine d'Atwood....................	350 à 400	110 00	
Machine de Morin....................	500 00	260 00	
Solides pour les divers cas de l'équilibre.....	18 00	18 00	
Support et boules pour fil à plomb et pendules......................	25 00	25 00	
Pendule réversible de Kater, modèle de démonstration......................	350 00	»	M. S.
Appareil pour démontrer l'invariabilité du plan d'oscillation....................	100 00	»	M. S.
Gyroscope......................	15 00	»	
Échappement à ancre....................	150 00	»	
Appareil de démonstration pour les effets de la force centrifuge....................	400 00	225 00	
Balances de précision....................	100 à 600	»	
Piézomètre......................	90 00	»	
Modèle de presse hydraulique..........	200 00	200 00	
Cuir embouti......................	5 00	5 00	
Appareil de Masson....................	50 00	50 00	
Appareil de Haldat.....................	90 00	60 00	
Appareil pour la pression de bas en haut....	12 00	12 00	

DÉSIGNATION DES OBJETS.	A.	B.	OBSERVATIONS.
	fr. c.	fr. c.	
Physique. (Suite.)			
Tourniquet hydraulique....................	45 00	18 00	
Appareil des vases communiquants à un et à deux liquides......................	70 00	70 00	
Niveau d'eau	35 00	12 00	
Balance hydrostatique..................	200 00	200 00	
Plateaux à long étrier pour transformer la balance hydrostatique en balance de précision......................	30 00	30 00	
Série de poids......................	20 00	20 00	
Double cylindre pour la démonstration du principe d'Archimède..................	16 00	16 00	
Ludion............................	5 00	5 00	
Flacons à densité....................	6 00	6 00	
Aréomètre de Nicholson................	8 00	8 00	
Aréomètre de Fahrenheit..............	12 00	12 00	
Aréomètres à poids constant. Une collection..	20 00	20 00	
Appareil de Boyle pour la mesure de la densité des liquides....................	40 00	"	
Appareils divers pour la *capillarité* et l'*endosmose*......................	80 00	"	(*)
Ballon à robinet pour la pesée de l'air	25 00	25 00	
Briquet à air........................	22 00	22 00	
Baromètre à cuvette..................	30 00	30 00	
Baromètre normal (avec le mercure).......	225 00	"	
Baromètre de Fortin..................	120 00	120 00	
Planchette avec support et collier pour le baromètre de Fortin..................	30 00	30 00	
Cuvette du baromètre de Fortin pour la démonstration	35 00	35 00	
Baromètre à siphon..................	30 00	30 00	
Baromètre de Gay-Lussac..............	90 00	"	
Tube du baromètre de Gay-Lussac.........	3 00	3 00	
Baromètres métalliques	45 00	45 00	
Anneau de Vidi pour la théorie des baromètres.	20 00	20 00	

DÉSIGNATION DES OBJETS.	A.	B.	OBSERVATIONS.
	fr. c.	fr. c.	
Physique. (Suite.)			
Baromètre enregistreur de Richard.........	110 00	"	
Baroscope..........................	35 00	35 00	
Tube de Mariotte.....................	18 00	18 00	
Cuve profonde.......................	120 00	28 00	
Appareil Cailletet pour la liquéfaction des gaz.	600 00	"	
Tubes de Natterer contenant de l'acide carbonique liquide	25 00	"	
Machine pneumatique à deux corps de pompe.	450 à 500	350 00	
Machine pneumatique de Bianchi avec platine de o,^{m}33 et éprouvette indépendantes...	1,000 00	"	(*) Emballage 45 et 28 francs. Emballage 32 francs.
Machine pneumatique à mercure.........	360 00	150 00	
Trompe de Sprengel	240 00	"	
Appareil Carré pour fabriquer la glace et pour faire le vide.....................	290 00	"	
Cloches en cristal à bords rodés...........	18 00	10 00	
Vessie à robinet.	8 00	8 00	
Crève-vessie........................	3 00	3 00	
Hémisphères de Magdebourg.............	30 00	25 00	
Cloche à deux baromètres...............	60 00	60 00	
Jet d'eau dans le vide.................	30 00	30 00	
Appareil pour la pluie de mercure dans le vide.	30 00	30 00	
Manomètre à air libre.................	20 00	20 00	
Manomètre à air comprimé..............	35 00	15 00	
Manomètre barométrique de Regnault......	150 00	"	
Manomètre métallique pouvant s'adapter à la fontaine de compression.............	50 00	50 00	
Ballons en baudruche	8 00	8 00	
Pompe de Regnault...................	90 00	90 00	
Fontaine de compression...............	100 00	100 00	
Fusil à vent........................	200 00	"	
Fontaine intermittente.................	70 00	25 00	

DÉSIGNATION DES OBJETS.	A.	B.	OBSERVATIONS.
	fr. c.	fr. c.	
Physique. (Suite.)			
Fontaine de Héron....................	100 00	25 00	
Arrosoir magique....................	5 00	5 00	
Flacon de Mariotte....................	8 00	8 00	
Siphons divers....................	6 00	6 00	
Vases de Tantale....................	3 00	3 00	
Vase de Torricelli....................	15 00	"	
Pompe aspirante et élévatoire............	140 00	70 00	
Pompe aspirante et foulante............	140 00	70 00	
Trompe à eau pour faire le vide..........	50 00	30 00	
Chaleur.			
Anneau de S'Gravesande..............	20 00	20 00	
Pyromètre à cadran..................	50 00	50 00	
Appareil de M. F. Tommasi pour montrer la puissance mécanique d'un liquide qui se dilate....................	115 00	"	(*)
Thermomètres divers à mercure et à alcool..	35 00	35 00	
Thermomètres de précision divisés en cinquièmes de degré de — 5 à + 105, ou autres	25 00	"	
Appareil pour calibrer les tubes divisés.....	130 00	"	(*)
Appareil pour déterminer le point zéro......	10 00	10 00	
Appareil pour déterminer le point 100......	35 00	35 00	
Thermomètres divers à maxima et à minima.	30 00	30 00	
Thermoscope de Rumford..............	12 00	12 00	
Thermomètre métallique de Bréguet........	100 00	"	
Thermomètre à poids..................	130 00	"	
Thermomètre enregistreur de Richard......	130 00	"	
Modèle de l'appareil de Dulong et Petit pour la mesure de la dilatation absolue du mercure....................	380 00	"	
Appareil de M. I. Pierre pour la mesure de la dilatation des liquides..............	70 00	"	M. S.

DÉSIGNATION DES OBJETS.	A.	B.	OBSERVATIONS.
	fr. c.	fr. c.	
Physique. (Suite.)			
Appareil de Hope pour le maximum de densité de l'eau............................	22 00	22 00	
Appareil différentiel de Dulong et Petit pour mesurer la dilatation des métaux........	150 00	"	M. S.
Modèle de la règle de Borda..............	450 00	"	M. S.
Appareil de Gay-Lussac pour la dilatation des gaz.................................	90 00	"	
Appareil de Regnault pour la dilatation des gaz à volume constant et à pression variable...	350 00	"	M. S.
Appareil de Regnault pour la dilatation des gaz à volume variable et à pression constante..	200 00	"	M. S.
Thermomètre à air......................	200 00	"	
Voluménomètre........................	150 00	"	M. S.
Appareil de Ritchie pour déterminer la relation entre le pouvoir émissif et le pouvoir absorbant.............................	50 00	"	M. S.
Appareil de Mouchot....................	125 00	"	
Marmite norvégienne...................	25 00	25 00	
Radiomètre de Crookes..................	15 00	"	
Appareil de Tyndall pour la production de la chaleur par le frottement..............	85 00	85 00	
Appareil de Foucault pour la transformation du travail en chaleur..................	450 00	"	(*)
Modèle de machine à vapeur de Watt......	800 00	"	
Modèle de tiroir.......................	70 00	"	
Frein de Prony (modèle de démonstration en bois)..............................	35 00	"	
Dessins de machines à vapeur et de leurs organes.............................	"	"	Prix divers suivant les dimensions.
Dessins et cartes météorologiques.........	"	"	Idem.
Pluviomètre...........................	14 00	14 00	
Pendule compensateur à gril............	55 00	35 00	
Pendule compensateur à mercure de Graham.	75 00	"	

DÉSIGNATION DES OBJETS.	A.	B.	OBSERVATIONS.
	fr. c.	fr. c.	
Physique. (Suite.)			
Tubes en fer avec bouchons à vis pour la force expansive de la glace..............	6 00	6 00	
Appareil de Mousson..................	55 00	"	
Moules en bois de Tyndall.............	15 00	5 00	
Appareil de Leslie pour la congélation de l'eau avec cloche spéciale	14 00	14 00	
Glacière domestique.................	30 00	30 00	
Cryophore.......................	3 00	3 00	
Appareil à quatre tubes barométriques pour les tensions des vapeurs................	80 00	80 00	
Appareil de Dalton pour la mesure des tensions maximum...................	125 00	125 00	
Bouillant de Franklin................	3 00	3 00	
Marmite de Papin (1 litre).............	150 00	150 00	
Fourneau et brûleur à gaz pour la marmite de Papin.......................	70 00	"	
Éolipyle........................	20 00	20 00	
Appareil de Boutigny avec ses accessoires...	150 00	"	
Appareil de Gay-Lussac et Thénard pour le mélange des gaz et des vapeurs........	120 00	"	
Le même, en verre...................	"	35 00	
Appareil de Gay-Lussac pour la densité des vapeurs........................	85 00	"	M. S.
Appareil de Dumas pour la densité des vapeurs........................	85 00	"	M. S.
Hygromètre de Saussure...............	30 00	30 00	
Hygromètre de Daniell................	45 00	45 00	
Hygromètre de Regnault avec aspirateur....	125 00	"	
Hygromètre de M. Alluard.............	120 00	"	(*)
Hygromètre de M. Crova..............	130 00	"	(*)
Psychromètre	35 00	35 00	
Hygromètre chimique, aspirateur double de 5 litres.........................	55 00	"	
Calorimètre de Lavoisier et Laplace........	65 00	"	

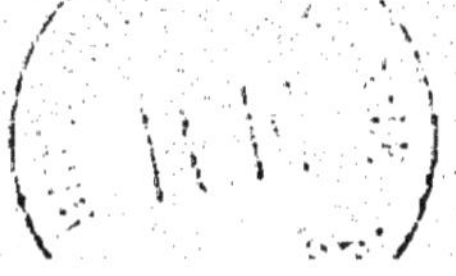

DÉSIGNATION DES OBJETS.	A.	B.	OBSERVATIONS.
	fr. c.	fr. c.	
Physique. (Suite.)			
Calorimètre pour la méthode des mélanges..	45 00	45 00	
Appareil de Regnault pour la détermination des chaleurs spécifiques...............	350 à 600	»	(*)
Calorimètre de Favre et Silbermann.......	125 à 400	»	(*)
Appareil de Dulong et Petit pour la détermination des chaleurs spécifiques par la méthode du refroidissement...............	80 00	»	(*)
Appareil de Clément et Desormes..........	140 00	»	M. S.
Appareil de Despretz pour la mesure de la chaleur latente de la vapeur d'eau.......	155 00	»	
Appareil d'Ingenhousz pour la conductibilité des solides.........................	40 00	40 00	
Appareil d'Ingenhousz pour la conductibilité des liquides........................	10 00	10 00	
Miroirs conjugués......................	180 00	85 00	
Cube de Leslie avec miroir et thermomètre différentiel.......................	65 00	65 00	
Thermomètre différentiel seul...........	12 00	12 00	
Appareil de Melloni pour l'étude de la chaleur rayonnante......................	800 00	»	
Électricité statique.			
Pendules électriques...................	10 00	6 00	
Bâton de verre et bâton de résine.........	8 00	8 00	
Bâton et plaque de caoutchouc durci.......	10 00	10 00	
Bâton de verre dépoli à l'extrémité........	3 50	3 50	
Bâton de cuivre à manche isolant	8 00	8 00	
Disque de cuivre et disque de bois avec manches isolants....................	20 00	20 00	
Deux disques en glace, l'un poli et l'autre dépoli, avec manches isolants..........	20 00	20 00	
Tabouret isolant.......................	20 00	20 00	
Isoloir à acide sulfurique de M. Mascart....	18 00	»	
Balance de Coulomb....................	110 00	»	

DÉSIGNATION DES OBJETS.	A.	B.	OBSERVATIONS.
	fr. c.	fr. c.	
Physique. (Suite.)			
Sphère creuse isolée avec plan et boule d'é-preuve	22 00	22 00	
Sphère à double enveloppe	35 00	35 00	
Sac de Faraday	20 00	20 00	
Deux cylindres pour l'influence avec pendules et balles de sureau	70 00	70 00	
Pointe métallique et boule pouvant s'adapter à la pointe	5 00	5 00	
Tourniquet électrique	6 00	6 00	
Cage en toile métallique de Faraday	25 00	25 00	
Vase métallique de Faraday avec sphère à manche isolant	25 00	«	(*)
Carillon électrique	10 00	10 00	
Appareil pour la grêle électrique et les pantins électriques	35 00	35 00	
Pantins électriques en sureau	3 00	3 00	
Peau de chat	4 00	4 00	
Électrophore	35 00	20 00	
Machine électrique à frottement	330 00	100 00	
Machine de Holtz	400 00	«	Table pour la machine, 3o fr.
Machine système Carré	430 00	320 00	
Machine Toepler petit modèle	85 00	»	(*)
Condensateur d'Œpinus	130 00	«	
Bouteilles de Leyde à 9 francs l'une	27 00	18 00	
Une bouteille à armures mobiles	16 00	16 00	
Une bouteille électrométrique de Lane	90 00	«	
Une batterie électrique	100 00	60 00	
Un excitateur à manche de verre	18 00	18 00	
Un excitateur universel	40 00	40 00	
Un excitateur universel de Mascart	160 00	«	(*)
Chaîne de 5 mètres	5 00	5 00	
Deux conducteurs à crochets et à tirage	30 00	30 00	

DÉSIGNATION DES OBJETS.	A.	B.	OBSERVATIONS.
	fr. c.	fr. c.	
Physique. (Suite.)			
Soufflet pour les figures de Lichtemberg....	10 00	10 00	
Tube étincelant........................	15 00	10 00	
Tableau pour l'éclair...................	45 00	10 00	
Œuf électrique à robinet double.........	75 00	»	
Pistolet de Volta......................	3 00	3 00	
Vase pour enflammer l'éther.............	5 00	5 00	
Perce-verre...........................	30 00	15 00	
Portrait de Franklin avec la presse........	12 00	12 00	
Torpille électrique....................	20 00	»	
Thermomètre de Kinnersley.............	25 00	»	
Pointe de paratonnerre avec échantillon de câble..............................	30 00	30 00	
Électromètre à aiguille.................	»	»	Prix divers.
Électroscope à feuilles d'or avec boule et plateaux condensateurs..................	45 00	30 00	
Électromètre de Mascart avec échelle transparente............................	325 00	»	(*)
Électromètres de précision divers.........	»	»	(*) Prix suivant les modèles.
Condensateur étalon pour la mesure des capacités...............................	»	»	(*) Prix suivant les dimensions.
Magnétisme.			
Pierre d'aimant sans armature...........	10 00	10 00	
Pierre d'aimant avec armature...........	25 00	25 00	
Boîte de barreaux aimantés.............	40 00	30 00	
Aimant en fer à cheval.................	40 00	25 00	
Aimant à lames minces de M. Jamin.......	55 00	»	
Deux aiguilles aimantées à chape d'agate avec supports...........................	12 00	12 00	
Boussole de déclinaison................	700 00	»	(*)
Boussole marine (compas de route).......	90 00	35 00	
Boussole d'inclinaison.................	170 00	»	
Aiguille d'inclinaison à chape fixe et chape mobile.............................	»	30 00	

DÉSIGNATION DES OBJETS.	A.	B.	OBSERVATIONS.
	fr. c.	fr. c.	
Physique. (Suite.)			
Électricité dynamique.			
Excitateur cuivre et zinc de Galvani pour les expériences sur la grenouille............	6 00	6 00	
Lame cuivre et zinc..................	4 00	4 00	
Pile à colonne......................	50 00	40 00	
Pile sèche.........................	30 00	"	
Un élément Wollaston................	20 00	20 00	
Élément Daniell ou ses modifications.......	6 00	6 00	
Pile au bichromate...................	12 00	12 00	
Batterie au bichromate (suivant le nombre des éléments)......................	150 00	100 00	
Un élément Bunsen...................	7 00	7 00	
Une pile de 5o éléments Bunsen..........	350 00	"	
Un élément Leclanché.................	6 00	6 00	
Une cuve en bois pour amalgamer les zincs .	6 00	6 00	
Fil de cuivre recouvert de coton et de gutta .	"	"	Prix divers.
Pinces pour les piles.................	15 00	10 00	
Pile thermo-électrique de Seebeck........	45 00	25 00	
Pile thermo-électrique de Noé...........	40 00	"	
Pile à gaz, un élément................	25 00	"	
Couple de Planté....................	45 00	45 00	
Batterie secondaire de Planté, 2o éléments moyens...........................	250 00	"	M. S.
Accumulateurs......................	"	"	(*) Prix suivant les dimensions.
Voltamètre........................	14 00	14 00	
Galvanomètre......................	130 00	90 00	
Galvanomètre à 2 fils................	160 00	"	M. S.
Galvanomètre Bourbouze..............	240 00	"	
Galvanomètre à réflexion..............	150 00	"	
Boussole des tangentes...............	300 00	"	
Ohm étalon........................	30 00	"	(*) M. S.
Boîte de résistances graduées...........	"	"	Prix suivant le nombre.

DÉSIGNATION DES OBJETS.	A.	B.	OBSERVATIONS.
	fr. c.	fr. c.	
Physique. (Suite.)			
Pont de Wheatstone.....................	150 00	"	M. S.
Rhéostats divers......................	80 à 300	"	M. S.
Commutateur Berlin...................	30 00	30 00	
Commutateur Blondlot................	30 00	"	
Appareil électro-dynamique et accessoires...	200 à 350	"	
Appareil électro-dynamique simplifié.......	"	130 à 200	
Flotteur de de la Rive................	10 00	"	
Appareil pour la rotation d'un aimant par un courant...........................	75 00	"	
Appareil pour la rotation d'un courant par un aimant............................	160 00	"	
Roue de Barlow......................	65 00	"	
Électro-aimant......................	100 00	60 00	
Bobines pour l'aimantation.............	30 00	"	
Sonnerie électrique...................	12 00	10 00	
Télégraphe à cadran..................	185 00	185 00	
Télégraphe Morse....................	234 00	234 00	
Modèles de câble télégraphique souterrain et sous-marin......................	5 00	5 00	
Parafoudre..........................	35 00	"	
Moteur électro-magnétique.............	45 00	45 00	
Deux bobines pour l'induction..........	100 00	70 00	
Bobine de Ruhmkorff.................	300 à 600	50 à 150	
Batterie en cascade...................	100 00	"	
Tubes de Geissler....................	"	"	Prix suivant le nombre et les dimensions.
Cerceau de Delezenne.................	250 00	"	(*)
Tubes de Crookes....................	"	"	Prix divers.
Amorces électriques..................	1 00	1 00	
Machine de Clarke...................	400 00	200 00	
Machine Gramme....................	700 00	"	

DÉSIGNATION DES OBJETS.	A.	B.	OBSERVATIONS.
	fr. c.	fr. c.	
Physique. (Suite.)			
Machines dynamo et magnéto-électriques diverses................................	ʺ	ʺ	(*) Prix suivant les modèles.
Appareil électro-médical................	30 00	25 00	
Régulateurs électriques.................	ʺ	ʺ	Prix suivant les modèles.
Bougies électriques....................	ʺ	ʺ	Idem.
Bougie à gaz s'allumant avec l'étincelle d'induction..............................	12 00	12 00	
Lampes à incandescence	15 00	10 00	
Crayons de charbon artificiel...........	5 00	5 00	
Appareil de galvanoplastie et accessoires....	130 00	ʺ	
Lame d'or et lame d'argent pour la dorure et l'argenture...........................	30 00	30 00	
Acoustique.			
Huit morceaux de bois donnant la gamme...	6 00	6 00	
Archet.................................	7 00	7 00	
Appareil de Trevelyan..................	20 00	ʺ	
Cloche montée sur un support...........	28 00	28 00	
Appareil à plaques vibrantes............	80 00	50 00	
Diapason normal la₃, sur caisse.........	35 00	35 00	
Quatre diapasons pour l'accord parfait......	145 00	ʺ	
Timbre à rouages avec cloche à douille.....	71 00	ʺ	
Ballon à clochette.....................	25 00	25 00	
Soufflerie.............................	300 00	300 00	
Régulateur pour la soufflerie...........	35 00	ʺ	
Sirène................................	90 00	90 00	
Sonomètre............................	110 00	110 00	
Vibroscopes...........................	200 00	150 00	
Support à glissière pour les plaques enfumées.	25 00	ʺ	
Phonautographe.......................	500 00	ʺ	(*)

DÉSIGNATION DES OBJETS.	A.	B.	OBSERVATIONS.
	fr. c.	fr. c.	
Physique. (Suite.)			
Deux diapasons à miroir pour la méthode optique.	300 00	»	
Appareil à sept billes d'ivoire.	70 00	»	
Trois tuyaux en bois de différentes épaisseurs.	24 00	»	
Trois tuyaux égaux en bois, en carton, en cuivre.	30 00	»	
Deux tuyaux cubiques dont les dimensions sont dans le rapport de 2 à 1.	20 00	»	
Huit tuyaux ouverts donnant la gamme.	60 00	60 00	
Long tuyau ouvert avec piston (en verre). . .	12 00	12 00	
Long tuyau fermé avec soupapes.	21 00	21 00	
Tuyau à flammes manométriques.	45 00	»	
Miroir tournant avec capsule manométrique et cornets pour le timbre des voyelles.	218 00	»	
Tuyau avec parois de verre et membrane. . . .	20 00	20 00	
Tuyau avec clavette au milieu.	10 00	10 00	
Tuyau de verre pour les harmoniques (avec robinet).	21 00	21 00	
Flûte en palissandre se démontant.	20 00	20 00	
Tuyau à anche libre.	30 00	30 00	
Tuyau à anche battante.	30 00	30 00	
Dix résonnateurs de Helmholtz.	110 00	»	
Un phonographe avec 1 kilog. feuilles d'étain.	110 00	30 00	
Une paire de téléphones avec fil double pour la transmission	50 00	50 00	
Un microphone.	10 00	10 00	
Un poste téléphonique.	»	»	Prix suivant les modèles.
Optique.			
MATÉRIEL DE PROJECTION.			
Écran pour les projections.	25 00	»	
Porte-lumière.	200 00	»	

DÉSIGNATION DES OBJETS.	A.	B.	OBSERVATIONS.
	fr. c.	fr. c.	
Physique. (Suite.)			
Lanterne de projection munie d'un chalumeau de Drummond et d'un système optique qui peut se fixer sur le porte-lumière avec pied à crémaillère pour supporter la lanterne. .	540 00	"	
Écran à fente mobile se fixant sur la lanterne et sur le porte-lumière.	30 00	"	
Écrans à trous se fixant sur la lanterne et sur le porte-lumière.	15 00	"	
Microscope solaire s'adaptant au porte-lumière et à la lanterne	150 00	"	
Cornue en fonte pour la production de l'oxygène avec fourneau à gaz.	52 00	"	
10 kilogrammes de chlorate de potasse. . . .	20 00	"	
10 kilogrammes de bioxyde de manganèse en grains.	10 00	"	
Sac en caoutchouc pour contenir l'oxygène. . .	95 00	"	
Pressoir en bois avec poids de fonte pour la compression du sac de caoutchouc.	64 00	"	
10 mètres tube de caoutchouc.	16 00	"	
Un flacon de bâtons de chaux avec boîte de cuivre.	10 00	"	
Une cuve en glace pour projection.	10 00	"	
Une cuve pour la projection des actions chimiques.	9 00	"	
Une chambre pour la projection des insectes vivants.	5 00	"	
Deux châssis à coulisse pour introduire les photographies dans les appareils.	8 00	"	
Photographies sur verre pour projection (50 assorties).	75 00	"	
INSTRUMENTS D'OPTIQUE.			
Héliostat de Silbermann.	900 00	"	(*)
Photomètre de Foucault.	80 00	"	
Photomètre de Bunsen.	100 00	35 00	

DÉSIGNATION DES OBJETS.	A.	B.	OBSERVATIONS.
	fr. c.	fr. c.	
Physique. (Suite.)			
Appareil pour vérifier les lois de la réflexion et de la réfraction.	250 00	250 00	
Deux miroirs plans sur pied.	45 00	45 00	
Miroir concave et miroir convexe sur pied. . .	130 00	130 00	
Bouquet magique, vase et support.	10 00	10 00	
Kaléidoscope.	20 00	12 00	
Miroir magique.	100 00	"	(*)
Prisme équilatéral en flint. . . . . . . , ...	80 00	60 00	
Prisme à réflexion totale.	50 00	50 00	
Deux prismes isocèles pour l'expérience des spectres croisés.	100 00	"	
Prisme creux à liquide.	55 00	"	
Prisme à angle variable.	200 00	"	
Polyprisme.	80 00	"	
Cuve de verre avec cloison diagonale.	50 00	"	
Une lentille convergente.	50 00	40 00	
Une lentille divergente.	50 00	40 00	
Appareil de Newton pour la projection des raies du spectre.	"	"	Prix divers.
Système de prismes mobiles pour l'achromatisme.	"	"	Idem.
Lentille achromatique sur pied.	100 00	"	
Spectroscope.	300 00	"	
Petit spectroscope à vision directe.	60 00	60 00	
Tubes à liquides et à gaz et accessoires divers pour l'analyse spectrale.	"	"	Prix divers.
Tubes phosphorescents.	"	"	Idem.
Tableau peint du spectre solaire.	100 00	"	
Deux tableaux peints des spectres des métaux	30 00	"	
Un tableau peint des spectres des étoiles. . . .	15 00	"	

DÉSIGNATION DES OBJETS.	A.	B.	OBSERVATIONS.
	fr. c.	fr. c.	
Physique. (Suite.)			
Deux tableaux peints du spectre des réseaux comparé avec les spectres prismatiques ...	"	"	Prix divers.
Diasporamètre de Rochon	200 00	"	M. S.
Diasporamètre de Boscovich s'adaptant à l'appareil de Silbermann pour les lois de la réfraction	"	"	Prix divers.
Œil élastique	"	"	Idem.
Besicles de presbytes et de myopes	"	"	Idem.
Phénakisticope	50 00	30 00	
Stéréoscope	30 00	15 00	
Lames de verre de diverses couleurs	10 00	10 00	
Deux verres de couleurs complémentaires dans un pince-nez	10 00	10 00	
Banc d'optique	800 00	"	(*)
Chambre claire	80 00	"	
Appareil complet de photographie	220 00	"	
Lanterne magique	"	"	Prix divers.
Triloupe	10 00	"	
Microscope composé	260 00	110 00	
Lunette de Galilée	30 00	16 00	
Lunette astronomique avec oculaire terrestre.	300 00	"	
Dynamètre de Ramsden	20 00	"	M. S.
Télescope de Foucault	700 00	"	
Goniomètre de Babinet	210 à 375	"	M. S.
Goniomètre de Wollaston	175 00	"	M. S.
Focomètre	250 00	"	(*)
Rhomboèdre de spath d'Islande	20 00	"	
Saccharimètre	260 à 300	"	

DÉSIGNATION DES OBJETS.	A.	B.	OBSERVATIONS.
	fr. c.	fr. c.	
VII. Chimie.			
Matériel du laboratoire de chimie.			
Une cuve à eau doublée en plomb, de 100 litres, avec tablette, supports et couvercle............................	110 00	▮	
Une cuve portative à eau, en zinc, de 50 litres............................	25 00	25 00	
Un appareil à déplacement, de 1 litre, avec robinet............................	11 00	11 00	
Un bain-marie de o^m,18...............	21 00	▮	
Bain d'huile............................	70 00	▮	
Une étuve à air............................	125 00	▮	
Cuve à mercure en pierre dure, de 3 litres, avec cuvette et couvercle.............	62 00	▮	
Mercure, de 40 à 45 kilogrammes à 7 fr. le kil.	315 00	▮	
Deux bouteilles en fer pour contenir le mercure............................ à 3^f 00^c	6 00	▮	
Alambic complet, en cuivre étamé, avec bain-marie............................	185 00	100 00	
Soufflet d'émailleur (table)............	70 00	70 00	
Chalumeau articulé pour lampe d'émailleur..	16 00	16 00	
Gazomètre aspirateur de Deville, de 50 litres.	50 00	▮	
Petit aspirateur en zinc verni, de 5 litres....	10 00	10 00	
Becs à gaz de Bunsen, deux droits à 3^f 50^c	7 00	7 00	
Becs à gaz de Bunsen, deux cintrés à 4^f 50^c	9 00	9 00	
Becs à gaz de Bunsen, un de Wiesnegg....	17 50	▮	
Un fourneau de douze flammes (Wiesnegg).	15 00	▮	
Un fourneau à évaporation, forme haute, de o^m,09 de diamètre..................	15 00	▮	
Un mortier en fonte avec pilon...........	6 00	6 00	
Deux pelles à main pour le charbon à 1^f 50^c	3 00	3 00	
Deux grilles à analyse, de o^m,40 et o^m,60, avec écrans............................	11 50	11 50	
Une grille à analyse (quatorze becs).......	125 00	▮	

DÉSIGNATION DES OBJETS.	A.	B.	OBSERVATIONS.
	fr. c.	fr. c.	
Chimie. (Suite.)			
Une série de rondelles en tôle, pour bain-marie, etc......................................	3 00	3 00	
Six triangles en fer, assortis........à 0f 50c	3 00	3 00	
Deux pinces à charbon à bec droit, de 0m,40.....................à 2f 50c	5 00	5 00	
Un étouffoir	3 00	3 00	
Une pince à creuset, de 0m,40...........	3 10	3 10	
Deux cuillers en tôle de fer......à 1f 25c	2 50	2 50	
Deux bassins en fonte, de 0m,16 et 0m,22...	2 50	2 50	
Une petite lingotière..................	3 00	3 00	
Une grille pour distiller l'acide sulfurique (1/2 litre)............................	10 00	10 00	
Deux pinces à matras en bois.....à 1f 00c	2 00	2 00	
Un support en bois à pinces............	3 00	3 00	
Un support à entonnoirs double...........	3 00	3 00	
Un support à plateau...................	2 50	2 50	
Six valets en jonc..............à 0f 20c	1 20	1 20	
Six ronds de serviette pour poser les ballons....................à 0f 15c	0 90	0 90	
Deux spatules en fer..........à 1f 00c	2 00	2 00	
Un chandelier à gaz (bec Bengel).........	18 00	»	
Une spatule en verre..................	0 50	0 50	
Deux spatules en porcelaine.............	2 25	2 25	
Deux grilles pour supporter les matras chauffés... ....à 1f 50c	3 00	3 00	
Une boîte contenant un marteau, six limes pour percer et limer les bouchons, une percerette à bouchons	8 00	8 00	
Un couteau à couper le verre............	2 00	2 00	
Quatre goupillons pour nettoyer les tubes........................à 0f 35c	1 40	1 40	
Bouchons assortis en caoutchouc et en liége.	30 00	30 00	

DÉSIGNATION DES OBJETS.	A.	B.	OBSERVATIONS.
	fr. c.	fr. c.	
Chimie. (Suite.)			
Trois appareils pour la production continue de l'hydrogène, de l'acide carbonique et de l'hydrogène sulfuré, de 4 litres, à 13ᶠ 00ᶜ	39 00	"	
Tubes en caoutchouc assortis, 250 grammes.	15 00	15 00	
Une poire en caoutchouc pour pipette......	2 00	2 00	
Deux cônes en tôle pour allumer les fourneaux....................à 3ᶠ 00ᶜ	6 00	"	
Deux paires de ciseaux.........à 2ᶠ 00ᶜ	4 00	4 00	
Balance de Roberval et poids (5 kilog.).....	45 00	35 00	
Un tamis en crin......................	1 75	1 75	
Instruments et appareils.			
Alambic pour l'essai des vins, avec 2 aréomètres..............................	28 00	28 00	
Eudiomètre de Gay-Lussac..............	85 00	85 00	
Eudiomètre à mercure, Bunsen..........	14 00	"	
Tube de Berthelot pour l'ozone..........	12 00	"	
Appareil de Hoffmann pour la synthèse de l'eau.	30 00	"	
Toiles métalliques en cuivre et en fer......	3 00	3 00	
Lampe des mineurs de Davy (Combes).....	16 00	16 00	
Cornue en plomb pour la préparation de l'acide fluorhydrique................	36 00	36 00	
Chalumeau de Berzelius, en fer-blanc......	1 75	1 75	
Une lampe à alcool, en cristal...........	1 75	1 75	
Briquet à gaz hydrogène et à mousse de platine..............................	12 50	"	
Une carafe jaugée, de 1 litre...........	4 00	4 00	
Une éprouvette à pied, de 1/2 litre, divisée en 100 parties égales..............	5 00	5 00	
Une pipette jaugée, de 100 centimètres cubes, pour essais d'argent................	3 00	3 00	
Verre jaugé, de 500 centimètres cubes......	3 00	3 00	
Deux pipettes, de 10 centimètres cubes, à 1ᶠ 50ᶜ	3 00	3 00	

DÉSIGNATION DES OBJETS.	A.	B.	OBSERVATIONS.
	fr. c.	fr. c.	
Chimie. (Suite.)			
Une burette graduée, de 25 centimètres cubes, divisée en 250 parties................	5 00	5 00	
Une burette de Gay-Lussac..............	5 00	5 00	
Une burette de Mohr.................	5 00	5 00	
Une pipette de Berthelot..............	12 00	*	
Boîte à réactifs, trente-cinq flacons pleins, à étiquettes vitrifiées, de 125 grammes....	150 00	90 00	
Objets en porcelaine.			
Cuve à mercure portative, de 0^l,60........	7 00	7 00	
Mortier (forme hémisphérique), biscuit, de 0^m,15.....................	5 00	00	
Mortier en porcelaine émaillée, de 0^m,10...	3 00	3 00	
Mortier en agate....................	10 00	10 00	
Six capsules à bec de Bayeux (167^{mm}-140-125-110-97-64)....................	7 65	7 65	
Deux nacelles de porcelaine de Bayeux à 0^f 40^c	0 80	0 80	
Vingt-quatre soucoupes de porcelaine à 0^f 20^c	4 80	4 80	
Deux petits creusets de porcelaine.........	1 00	1 00	
Deux tubes en porcelaine dégourdie, de 0^m.16 de diamètre intérieur... à 1^f 50^c	3 00	3 00	
Une plaque en porcelaine dégourdie.......	0 50	0 50	
Objets en poterie de terre et de grès.			
Trois fourneaux à cuve: un de 0^m,16, deux de 0^m,19 de diamètre...............	8 50	8 50	
Deux fourneaux à réverbère, de 0^m,25, à 15^f 00^c	30 00	30 00	
Un fourneau à tubes, de 0^m,30 à 0^m,33......	12 00	12 00	
Un fourneau de coupelles (2e grandeur), moufle de 0^m,08 sur 0^m,11...........	20 00	20 00	
Douze fromages en terre, de 0^m,04 à 0^m,06.....................à 0^f 10^c	1 20	1 20	
Douze têts à gaz, de 0^m,06 à 0^m,09. à 0^f 20^c	2 40	2 40	
Douze têts à combustion, de 0^m,02. à 0^f 10^c	1 20	1 20	

DÉSIGNATION DES OBJETS.	A.	B.	OBSERVATIONS.
	fr. c.	fr. c.	
Chimie. (Suite.)			
Six tubes réfractaires (grès de Hesse émaillé), de 0ᵐ,03 de large sur 0ᵐ,50.. à 1ᶠ 50ᶜ	9 00	9 00	
Six cornues en grès de Hesse émaillé, de 500 centim. cubes, sans tubulure, à 0ᶠ 65ᶜ	3 90	3 90	
Deux cornues en grès de 1/2 litre, tubulées............................à 0ᶠ 85ᶜ	1 70	1 70	
Creusets en terre de Paris avec couvercles (assortiment de vingt-quatre)...........	6 00	6 00	
Trois terrines assorties, de 0ᵐ,45, 0ᵐ,32 et 0ᵐ,22 de diamètre....................	3 30	3 30	
Trois terrines en grès fin émaillé, de 0ᵐ,43, 0ᵐ,32 et 0ᵐ,22 de diamètre...........	6 55	6 55	
Objets de verrerie.			
Douze allonges assorties......... à 0ᶠ 25ᶜ	3 00	3 00	
Ballons à col court ou long, quatre de 2 litres..................... à 0ᶠ 80ᶜ	3 20	3 20	
Ballons à col court ou long, quatre de 1 litre..................... à 0ᶠ 40ᶜ	1 60	1 60	
Ballons à col court ou long, quatre de 0ˡ,750.................:...... à 0ᶠ 35ᶜ	1 40	1 40	
Ballons à col court ou long, quatre de 0ˡ,500..................... à 0ᶠ 30ᶜ	1 20	1 20	
Deux douzaines plus petits, assortis, à 0ᶠ 15ᶜ	3 60	3 60	
Six ballons à densité de vapeurs, effilés.....................à 0ᶠ 40ᶜ	2 40	2 40	
Six ballons tubulés, trois de 1/2 litre, trois de 1/4 de litre................. à 0ᶠ 75ᶜ	4 50	4 50	
Vingt-quatre matras à fond plat, de 1 litre à 125 centimètres cubes.................	6 00	6 00	
Six matras d'essayeur.......... à 0ᶠ 15ᶜ	1 80	1 80	
Vingt-quatre cornues ordinaires assorties, de 1 litre à 60 centimètres cubes.........	6 90	6 90	
Huit cornues tubulées, de 1 litre, 0ˡ,500, 0ˡ,250, 0ˡ,125.....................	6 00	6 00	
Vingt-quatre entonnoirs assortis, de 1 litre à 0ˡ,300.....................	6 00	6 00	

DÉSIGNATION DES OBJETS.	A.	B.	OBSERVATIONS.
	fr. c.	fr. c.	
Chimie. (Suite.)			
Vingt-quatre éprouvettes à recueillir les gaz..	6 75	6 75	
Six éprouvettes à pied, une de 1 litre, une de 1/2 litre, quatre de 1/4 de litre	5 50	5 50	
Quatre éprouvettes à dessécher les gaz	10 50	10 50	
Quatre cloches à bouton, de 4 litres, 2 litres, 1 litre, 1/2 litre	4 60	4 60	
Flacons de Woolf à deux tubulures (trois ouvertures), quatre de 1 litre. . . . à 1ᶠ 40ᶜ	5 60	5 60	
Flacons de Woolf à deux tubulures (trois ouvertures), six de 1/2 litre. . . . . à 1ᶠ 30ᶜ	7 80	7 80	
Flacons de Woolf à deux tubulures (trois ouvertures), quatre de 1/4 de litre, à 1ᶠ 20ᶜ	7 20	7 20	
Quatre flacons de Woolf à une tubulure (deux ouvertures), de 1/2 litre. . . . . . à 0ᶠ 80ᶜ	3 20	3 20	
Trois flacons de Woolf à une ouverture, mais à bouchon de liège et tube remplaçant les tubulures . . . . à 2ᶠ 00ᶜ	6 00	6 00	
Trois flacons de 1 litre, à une ouverture, avec bouchon à l'émeri . . . . à 6ᶠ 00ᶜ	18 00	18 00	
Flacons en verre blanc à goulot, quatre de 2 litres . . . . à 0ᶠ 80ᶜ	3 20	3 20	
Flacons en verre blanc à goulot, six de 1 litre. . . . . à 0ᶠ 40ᶜ	2 40	2 40	
Flacons en verre blanc à goulot, six de 1/2 litre. . . . . à 0ᶠ 30ᶜ	1 80	1 80	
Flacons en verre blanc à goulot, six de 1/4 de litre. . . . . à 0ᶠ 18ᶜ	1 00	1 00	
Deux douzaines de flacons plus petits, assortis. . . . . à 0ᶠ 10ᶜ	2 40	2 40	
Flacons à large ouverture, même assortiment.	10 00	10 00	
Six flacons bouchés à l'émeri, à petite ouverture, de 1 litre . . . . à 0ᶠ 80ᶜ	4 80	4 80	
Trois flacons bouchés à l'émeri, à large ouverture, de 1 litre. . . . . à 1ᶠ 75ᶜ	5 25	5 25	

DÉSIGNATION DES OBJETS.	A.	B.	OBSERVATIONS.
	fr. c.	fr. c.	
Chimie. (Suite.)			
Assortiment de flacons plus petits, 10 flacons assortis	10 00	10 00	
Vingt-quatre verres à expériences, de 30 grammes à 125 grammes..................	6 00	6 00	
Quatorze vases à précipité, deux de 1 litre.................... à $0^l 40^c$	0 80	0 80	
Deux de $0^l,750$ .... à $0^l 35^c$	0 70	0 70	
Deux de $0^l,500$............... à $0^l 30^c$	0 60	0 60	
Deux de $0^l,375$. .... à $0^l 25^c$	0 50	0 50	
Deux de $0^l,250$. .... à $0^l 20^c$	0 40	0 40	
Deux de $0^l,125$. .... à $0^l 15^c$	0 30	0 30	
Deux de $0^l,060$................ à $0^l 15^c$	0 30	0 30	
Six cristallisoirs assortis.................	5 70	5 70	
Six conserves assorties.................	6 00	6 00	
Six capsules en verre avec bec, assorties. ...	3 40	3 40	
Douze verres de montre.......... à $0^l 10^c$	1 20	1 20	
Six obturateurs pour éprouvettes à gaz à $0^l 15^c$	0 90	0 90	
4 kilogrammes de tubes creux assortis..................... à $1^l 80^c$	7 20	7 20	
1 kilogramme de tiges de verre pour baguettes............................	1 80	1 80	
3 kilogrammes de tubes en verre vert pour analyses, le kilog............. $2^l 00^c$	6 00	6 00	
Un récipient florentin de 1 litre..........	1 00	1 00	
Un récipient florentin de 1/2 litre.........	0 75	0 75	
Deux flacons à tubulure inférieure en verre, de 2 litres.................. à $1^l 30^c$	2 60	2 60	
Deux robinets en verre............ à $3^l 50^c$	7 00	7 00	
Pièces soufflées en verre.			
Six cloches courbes............. à $0^l 40^c$	2 40	2 40	
Trois pipettes à cylindre, courbées, à $0^l 60^c$	1 80	1 80	

DÉSIGNATION DES OBJETS.	A.	B.	OBSERVATIONS.
	fr. c.	fr. c.	
Chimie. (Suite.)			
Trois pipettes à cylindre, droites... à o^f 5o^c	1 50	1 50	
Vingt-cinq tubes fermés pour essais, à o^f 1o^c	2 50	2 50	
Six tubes droits à entonnoir...... à o^f 3o^c	1 80	1 80	
Un tube à entonnoir avec robinet de verre...	3 50	3 50	
Trois tubes de Liebig, à cinq boules, à 1^f 25^c	3 75	3 75	
Deux tubes à trois boules, de Will et Warentrapp.................... à 1^f oo^c	2 00	2 00	
Six tubes en S à boule ou cylindre, à o^f 7o^c	4 20	4 20	
Trois tubes de sûreté, de Welter... à 1^f oo^c	3 00	3 00	
Trois tubes en U, pointe effilée (liquéfaction des gaz)................. à 1^f oo^c	3 00	3 00	
Trois tubes en U, bout recourbé.. à 1^f 25^c	3 75	3 75	
Douze tubes en U pour dessiccation des gaz (montage des appareils), assortis, à o^f 5o^c	6 00	6 00	
Deux tubes pour appareils de Marsh, à o^f 3o^c	0 60	0 60	
Trois tubes à baromètre, en cristal, à 1^f oo^c	3 00	3 00	
Douze tubes pour thermomètres à alcool à o^{f}5o^c	6 00	6 00	
Douze tubes pour thermomètres à mercure, à..................... o^f 75^c	9 00	9 00	
Objets en platine et en argent.			
Un creuset d'argent, de 4o grammes......	10 00	10 00	
Une capsule d'argent, de 8o grammes......	32 00	"	
Un petit creuset de platine, avec couvercle, de 8 grammes....................	14 80	14 80	
Un creuset moyen, de 32 grammes, avec couvercle.	48 20	"	
Une capsule, de 45 grammes............	66 00	"	
Un triangle de platine, de 12 grammes.....	17 70	"	
Une nacelle de platine, de 5 grammes.....	8 75	"	
Une petite spatule de platine, de 8 grammes.	12 30	"	
Fil de platine fin pour essai au chalumeau, 2 grammes................. à 1^f 35^c	2 70	2 70	

DÉSIGNATION DES OBJETS.	A.	B.	OBSERVATIONS.
	fr. c.	fr. c.	
Chimie. (Suite.)			
Mousse de platine pour expériences, 2 grammes.................... à 1ᶠ 35ᶜ	2 70	2 70	
Une lame de cuivre et une lame d'argent...	12 00	*″*	
Deux lames de platine..................	6 75	6 75	
Une lame de palladium.................	4 50	*″*	
Une feuille de clinquant, 5o centimètres carrés...........................	2 00	2 00	

Tableaux pour l'enseignement de la chimie.

Fabrication de l'acier........................	
Fabrication de l'acide sulfurique..................	
Fabrication du sucre........................	Prix suivant les sujets et les dimensions.
Haut fourneau au coke......................	
Four à puddler...........................	
Distillation du soufre.......................	
Tableaux divers...........................	

II. PRODUITS CHIMIQUES.

PRIX des FLACONS contenant les produits ci-contre.	DÉSIGNATION DES PRODUITS.	A.	B.	OBSERVATIONS.
fr. c.		fr. c.	fr. c.	
	I. Chimie minérale.			
″	Collection de modèles en bois des systèmes cristallins........,.	50 00	50 00	
″	Collection d'échantillons de matières premières avec cartons et étiquettes..................	80 00	80 00	
″	2 kilogrammes soufre en bâtons...	1 20	1 20	
″	1 kilogramme soufre en fleurs...	0 60	0 60	
0 30	10 grammes sélénium..........	6 00	6 00	
0 30	1 gramme tellure.............	2 50	2 50	
1 75	200 grammes phosphore ordinaire.	2 40	2 40	
0 15	100 ———— phosphore rouge...	2 00	2 00	
0 15	100 ———— arsenic métallique..	0 60	0 60	
0 75	25 grammes brome............	0 40	0 40	
0 50	50 ———— iode bi-sublimé.....	1 65	1 65	
″	500 grammes noir animal.......	0 35	0 35	
″	500 ———— noir de fumée.....	1 00	1 00	
0 30	1 gramme silicium cristallisé....	3 50	3 50	
0 30	1 ———— bore.............	8 00	8 00	
0 75	1 kilogramme acide azotique pur..	1 50	1 50	
0 80	1 ———— acide chlorhydrique pur...................	1 25	1 25	
″	Échantillon d'acide sulfurique anhydre..................	3 25	3 25	
0 65	1 kilogramme acide sulfurique pur.	1 25	1 25	
0 65	1 ———— acide sulfurique de Nordhausen.............	2 00	2 00	
0 20	200 grammes acide arsénieux vitreux...................	0 35	0 35	
0 15	200 grammes acide arsénieux en poudre...................	0 20	0 20	

PRIX des FLACONS contenant les produits ci-contre.	DÉSIGNATION DES PRODUITS.	A.	B.	OBSERVATIONS.
fr. c.		fr. c.	fr. c.	
	Chimie minérale. (Suite.)			
0 15	5o grammes acide arsénique.....	0 20	0 20	
0 80	100 grammes acide phosphorique vitreux..................	1 50	1 50	
0 25	200 grammes acide borique cris-tallisé..................	0 60	0 60	
0 80	1 kilogramme ammoniaque pure..	1 75	1 75	
0 35	5oo grammes sulfure de carbone ordinaire..................	0 60	0 60	
#	200 grammes orpiment.........	0 30	0 30	
#	200 ——— réalgar.........	0 30	0 30	
0 50	10 grammes potassium.........	4 00	4 00	
0 35	5oo grammes potasse à la chaux..	1 50	1 50	
0 75	100 ——— potasse à l'alcool...	2 00	2 00	
0 35	5oo ——— chlorure de potas-sium pur..................	1 50	1 50	
0 15	5o grammes bromure de potas-sium	0 75	0 75	
0 15	5o grammes iodure de potas-sium	1 50	1 50	
0 25	5o grammes sulfure de potassium pur.....................	1 25	1 25	
0 40	1 kilogramme foie de soufre.....	0 80	0 80	
0 20	125 grammes cyanure de potas-sium	0 90	0 90	
0 40	1 kilogramme cyanoferrure de potassium..................	4 00	4 00	
0 20	100 grammes cyanoferride de po-tassium	0 80	0 80	
#	Échantillons de potasses du com-merce	6 00	6 00	Vases compris.
0 35	5oo grammes carbonate de potasse ordinaire.................	0 45	0 45	
0 35	5oo grammes carbonate de potasse pur desséché..............	3 00	3 00	

PRIX des FLACONS contenant les produits ci-contre.	DÉSIGNATION DES PRODUITS.	A.	B.	OBSERVATIONS.
fr. c.		fr. c.	fr. c.	
	Chimie minérale. (Suite.)			
0 20	125 grammes bicarbonate de potasse.	0 30	0 30	
0 25	200 grammes flux noir.	1 20	1 20	
0 35	500 ——— sulfate de potasse pur.	1 50	1 50	
"	1 kilogramme azotate de potasse...	1 20	1 20	
0 25	200 grammes azotite de potasse..	1 60	1 60	
"	1 kilogramme chlorate de potasse.	2 75	2 75	
"	500 grammes chromate de potasse neutre.	2 00	2 00	
"	1 kilogramme bichromate de potasse.	2 25	2 25	
0 15	50 grammes permanganate de potasse cristallisé.	0 45	0 45	
0 40	1 kilogramme sulfocarbonate de potassium.	2 50	2 50	
0 25	250 grammes silicate de potasse pur fondu.	2 00	2 00	
1 75	100 grammes sodium.	2 50	2 50	
0 35	500 ——— soude à la chaux..	1 45	1 45	
"	Échantillon de sel marin en trémies.	4 00	4 00	
"	Échantillon de sel gemme.	1 00	1 00	
0 25	200 grammes chlorure de sodium pur.	0 40	0 40	
0 25	100 grammes sulfure de sodium pur.	1 00	1 00	
"	Échantillons de soudes du commerce.	5 50	5 50	
"	Échantillons de varech, fucus....	4 00	4 00	
"	2 kilogrammes carbonate de soude cristallisé.	0 50	0 50	

PRIX des FLACONS contenant les produits ci-contre.	DÉSIGNATION DES PRODUITS.	A.	B.	OBSERVATIONS.
fr. c.		fr. c.	fr. c.	
	Chimie minérale. (Suite.)			
"	5oo grammes bicarbonate de soude pulvérisé..................	0 40	0 40	
"	2 kilogrammes sulfate de soude...	0 60	0 60	
0 25	2oo grammes sulfite de soude...	0 20	0 20	
"	1 kilogramme hyposulfite de soude........................	0 60	0 60	
,	1 kilogramme azotate de soude naturel....................	1 20	1 20	
"	1 kilogramme azotate de soude purifié....................	1 50	1 50	
0 25	2oo grammes azotite de soude ordinaire....................	1 60	1 60	
0 35	5oo grammes phosphate de soude ordinaire....................	0 60	0 60	
0 20	1oo grammes métaphosphate de soude......................	2 00	2 00	
0 20	1oo grammes pyrophosphate de soude......................	0 40	0 40	
0 20	1oo grammes phosphite de soude.	6 00	6 00	
0 20	1oo ———— hypophosphite de soude pur..................	2 50	2 50	
0 20	2oo grammes borate de soude ordinaire....................	0 60	0 60	
0 30	1o grammes chlorure de lithium..	0 65	0 65	
"	1 kilogramme chlorhydrate d'ammoniaque pulvérisé..........	2 75	2 75	
"	1 kilogramme chlorhydrate d'ammoniaque gris en pain.......	2 50	2 50	
0 30	2oo grammes carbonate d'ammoniaque....................	0 60	0 60	
0 35	5oo grammes sulfate d'ammoniaque ordinaire................	0 65	0 65	
0 60	1 kilogramme azotate d'ammoniaque....................	2 20	2 20	

PRIX des FLACONS contenant les produits ci-contre.	DÉSIGNATION DES PRODUITS.	A.	B.	OBSERVATIONS.
fr. c.		fr. c.	fr. c.	
	Chimie minérale. (Suite.)			
0 35	5oo grammes phosphate d'ammoniaque ordinaire...............	4 00	4 00	
0 20	2oo grammes borate d'ammoniaque pur......................	4 00	4 00	
1 00	2oo grammes baryte caustique...	2 40	2 40	
1 00	2oo ———— bioxyde de baryum.	1 80	1 80	
0 20	2oo ———— chlorure de baryum pur......................	0 60	0 60	
0 35	5oo grammes sulfure de baryum.	0 40	0 40	
0 20	2oo ———— azotate de baryte pur.	0 60	0 60	
0 20	1oo ———— chlorate de baryte..	0 65	0 65	
0 20	1oo ———— hyposulfate de baryte.	2 50	2 50	
0 20	1oo ———— chlorure de strontiane pur..................	0 40	0 40	
0 20	2oo grammes azotate de strontiane.....................	0 25	0 25	
0 35	5oo grammes chaux sodée......	1 75	1 75	
0 80	1 kilogramme chlorure de calcium desséché..............	1 50	1 50	
0 20	1oo grammes chlorure de calcium pur......................	0 30	0 30	
″	1 kilogramme fluorure de calcium entier.................	0 50	0 50	
″	1 kilogramme fluorure de calcium pulvérisé.................	0 80	0 80	
0 25	25o grammes phosphate acide de chaux....................	1 25	1 25	
″	5oo grammes poudre d'os calcinés.	0 50	0 50	
0 15	1 gramme fil de magnésium.....	0 60	0 60	
0 15	5 grammes magnésium.........	2 50	2 50	
0 35	1oo grammes magnésie calcinée..	0 50	0 50	
″	5oo ———— carbonate de magnésie (magnésie blanche).......	0 90	0 90	

PRIX des FLACONS contenant les produits ci-contre.	DÉSIGNATION DES PRODUITS.	A.	B.	OBSERVATIONS.
fr. c.		fr. c.	fr. c.	
	Chimie minérale. (Suite.)			
0 20	100 grammes chlorure de magnésium cristallisé pur..........	0 80	0 80	
»	1 kilogramme sulfate de magnésie ordinaire.................	0 50	0 50	
»	1 lingot d'aluminium	5 00	5 00	
»	1 clef en aluminium...........	7 00	7 00	
»	1 livret aluminium en feuilles....	1 80	1 80	
»	1 cuiller bronze d'aluminium....	5 00	5 00	
»	500 grammes sulfate d'alumine épuré...................	0 50	0 50	
»	Échantillons de cristaux des divers aluns....................	5 00	5 00	
»	1 kilogramme alun de potasse...	0 50	0 50	
»	500 grammes alun de soude.....	3 00	3 00	
»	1 kilogramme alun d'ammoniaque.	0 50	0 50	
»	1 ——————— alun de Rome.....	1 50	1 50	
»	1 ——————— alun de chrome...	2 00	2 00	
0 20	100 grammes alun de fer.......	0 70	0 70	
0 20	100 ——————— outremer artificiel.	0 60	0 60	
0 15	5 grammes manganèse métallique	10 00	10 00	
»	4 kilogrammes bioxyde de manganèse...................	3 60	3 60	
0 35	500 grammes chlorure de manganèse cristallisé.............	2 00	2 00	
0 35	500 grammes sulfate de manganèse cristallisé pur...........	3 25	3 25	
»	Échantillons de fonte blanche et fonte grise.................	2 00	2 00	
»	500 grammes colcotar ordinaire..	0 40	0 40	
»	2 kilogrammes sulfure de fer artificiel...................	2 40	2 40	
0 35	500 grammes perchlorure de fer cristallisé.................	2 00	2 00	

PRIX des FLACONS contenant les produits ci-contre.	DÉSIGNATION DES PRODUITS.	A.	B.	OBSERVATIONS.
fr. c.		fr. c.	fr. c.	
	Chimie minérale. (Suite.)			
»	2 kilogrammes sulfate de fer (vitriol vert)..................	0 50	0 50	
0 20	125 grammes bleu de Prusse....	1 25	1 25	
»	1 kilogramme zinc en lames.....	1 20	1 20	
»	1 ———— oxyde de zinc (blanc de zinc)...................	2 50	2 50	
»	Échantillons de couleurs à base de zinc.....................	6 00	6 00	
0 20	100 grammes chlorure de zinc desséché pur	0 70	0 70	
»	1 kilogramme sulfate de zinc (vitriol blanc).................	0 50	0 50	
»	100 grammes cadmium en lingots.	3 50	3 50	
»	100 ———— nickel laminé et en cubes.....................	2 20	2 20	
»	100 grammes maillechort laminé.	1 60	1 60	
0 20	100 ———— chlorure de nickel ordinaire...................	2 00	2 00	
0 15	100 grammes azotate de nickel cristallisé..................	2 00	2 00	
0 30	10 grammes cobalt fondu pur. ...	5 00	5 00	
0 15	100 grammes chlorure de cobalt ordinaire...................	3 80	3 80	
0 15	50 grammes azur (silicate de cobalt et de potasse)	0 35	0 35	
0 75	100 grammes acide chromique...	1 40	1 40	
0 20	100 ———— sesquioxyde de chrome vert.................	0 90	0 90	
»	500 grammes étain en baguettes..	1 80	1 80	
»	500 ———— soudure à l'étain...	1 50	1 50	
»	200 ———— alliage fusible de Darcet....................	3 60	3 60	
0 20	250 grammes protochlorure d'étain cristallisé ordinaire..........	0 75	0 75	

PRIX des FLACONS contenant les produits ci-contre.	DÉSIGNATION DES PRODUITS.	A.	B.	OBSERVATIONS.
fr. c.		fr. c.	fr. c.	
	Chimie minérale. (Suite.)			
0 30	100 grammes bichlorure d'étain (liqueur de Libavius).........	1 00	1 00	
0 25	100 grammes bisulfure d'étain...	2 50	2 50	
"	200 ———— antimoine métal...	0 60	0 60	
"	500 ———— sulfure d'antimoine naturel....................	0 75	0 75	
0 75	100 grammes antimoniate de potasse (réactif Frémy)........	3 00	3 00	
0 75	100 grammes chlorure d'antimoine concret....................	0 80	0 80	
"	1 kilogramme tournure de cuivre.	3 50	3 50	
"	Échantillons de laiton, métal des miroirs, métal des cloches, bronze	6 00	6 00	
0 25	500 grammes oxyde de cuivre grillé	3 50	3 50	
0 25	500 ———— oxyde de cuivre de l'azotate..................	4 00	4 00	
0 20	100 grammes chlorure de cuivre cristallisé................	0 60	0 60	
0 20	100 grammes azotate de cuivre cristallisé.................	0 40	0 40	
"	1 kilogramme sulfate de cuivre (vitriol bleu).............	1 00	1 00	
0 15	50 grammes arsénite de cuivre...	0 60	0 60	
"	2 kilogrammes plomb pauvre en demi-balles..............	3 50	3 50	
"	500 grammes alliage de caractères d'imprimerie..............	3 00	3 00	
"	500 grammes litharge.........	0 50	0 50	
"	500 ———— massicot........	0 50	0 50	
"	500 ———— minium	0 50	0 50	
0 20	100 ———— bioxyde de plomb (oxyde puce).............	1 40	1 40	
"	1 kilogramme céruse..........	1 00	1 00	
0 25	500 grammes azotate de plomb pur	1 50	1 50	

PRIX des FLACONS contenant les produits ci-contre.	DÉSIGNATION DES PRODUITS.	A.	B.	OBSERVATIONS.
fr. c.		fr. c.	fr. c.	
	Chimie minérale. (Suite.)			
»	Échantillons de couleurs à base de plomb.., ...	6 00	6 00	
0 15	2 grammes chlorure de thallium..	1 60	1 60	
»	100 grammes bismuth.	2 80	2 80	
»	Échantillon de bismuth cristallisé .	10 00	10 00	
0 60	100 grammes azotate de bismuth cristallisé.	2 50	2 50	
0 20	100 grammes oxyde jaune de mercure.	1 50	1 50	
0 15	100 grammes oxyde rouge de mercure.	1 20	1 20	
0 15	100 grammes vermillon.	1 20	1 20	
0 15	100 ———— protochlorure de mercure.	0 90	0 90	
0 15	100 grammes bichlorure de mercure	0 85	0 35	
0 15	50 grammes iodure de mercure..	2 00	2 00	
0 15	50 ———— cyanure de mercure .	1 25	1 25	
»	1 livret argent battu.	0 50	0 50	
0 15	25 grammes azotate d'argent cristallisé.	4 00	4 00	
0 15	25 grammes azotate d'argent fondu cylindres gris et blanc.	4 00	4 00	
»	1 livret feuilles d'or	2 50	2 50	
0 15	2 grammes or en lames.	8 60	8 60	
0 30	5 ———— chlorure d'or.	11 25	11 25	
»	1 pierre de touche.	10 00	10 00	
»	1 touchau d'or.	30 00	30 00	
»	1 touchau d'argent.	20 00	20 00	
0 30	5 grammes chlorure de platine. . .	5 50	5 50	

PRIX des FLACONS contenant les produits ci-contre.	DÉSIGNATION DES PRODUITS.	A.	B.	OBSERVATIONS.
fr. c.		fr. c.	fr. c.	
	II. Chimie organique.			
0 40	5oo grammes de glucose........	0 50	0 50	
0 20	100 ———— sucre de lait......	0 50	0 50	
0 35	5oo ———— de dextrine.......	0 50	0 50	
0 15	5 grammes coton-poudre pour collodion	0 30	0 30	
1 20	Gommes { arabique	4 00	4 00	
	du Sénégal	4 00	4 00	
	de pays, etc.........	4 00	4 00	
0 50	1 kilogramme d'alcool à 36 degrés.	4 50	4 50	
0 50	1 ———— d'alcool à 4o degrés.	5 25	5 25	
0 50	1 ———— d'esprit de bois pur à 36 degrés...............	2 50	2 50	
0 75	5oo grammes d'alcool amylique...	1 00	1 00	
0 60	25o ———— d'éther rectifié	1 15	1 15	
0 35	100 ———— d'éther acétique....	0 80	0 80	
0 45	2oo ———— d'acétone.........	2 00	2 00	
0 30	100 ———— de chloroforme....	1 10	1 10	
0 65	5oo ———— d'acide acétique cristallisé	3 25	3 25	
0 05	5oo grammes d'acide acétique ordinaire...................	1 50	1 50	
0 35	100 grammes d'acide formique concentré....................	2 30	2 30	
0 30	5oo grammes d'acide tartrique ordinaire	3 25	3 25	
0 20	25o grammes d'acide citrique....	1 90	1 90	
0 30	25o grammes de noix de galle....	0 90	0 90	
0 35	125 grammes de tannin........	1 00	1 00	
0 30	5o grammes d'acide pyrogallique.	2 60	2 60	
0 10	100 grammes d'émétique cristallisé....................	0 50	0 50	

PRIX des FLACONS contenant les produits ci-contre.	DÉSIGNATION DES PRODUITS.	A.	B.	OBSERVATIONS.
fr. c.		fr. c.	fr. c.	
	Chimie organique. (Suite.)			
0 15	200 grammes de bitartrate de potasse......	0 80	0 80	
0 20	250 grammes de tartre brut.....	1 00	1 00	
0 20	200 ——— de tartrate de potasse et de soude (sel de Seignette)..	0 70	0 70	
0 20	200 grammes d'oxalate d'ammoniaque ordinaire...........	1 00	1 00	
0 10	50 grammes d'oxalate d'ammoniaque pur...........	0 60	0 60	
0 50	1 kilogramme d'acide oxalique ordinaire...............	2 00	2 00	
0 30	500 grammes de sel d'oseille.....	1 40	1 40	
0 30	500 ——— d'acétate d'alumine ordinaire...............	0 50	0 50	
0 35	500 grammes d'acétate de chaux..	2 50	2 50	
0 40	1 kilogramme d'acétate de soude cristallisé...............	1 50	1 50	
0 35	500 grammes d'acétate de plomb (sel de Saturne)...........	0 75	0 75	
0 20	200 grammes d'acétate de cuivre (verdet)...............	0 90	0 90	
0 10	10 grammes de butyrate de chaux.	0 60	0 60	
0 80	1 kilogramme d'acide stéarique ordinaire...............	3 50	3 50	
0 35	500 grammes d'acide oléique ordinaire...............	0 90	0 90	
0 30	500 grammes de glycérine,......	1 75	1 75	
"	200 ——— de cire blanche....	1 60	1 60	
0 30	200 ——— de blanc de baleine.	1 30	1 30	
1 50	Échantillons de savons.........	2 00	2 00	
0 00	1 kilogramme d'essence de térébenthine (ordinaire).........	1 50	1 50	
0 30	250 grammes de camphre du Japon...............	1 15	1 15	

PRIX des FLACONS contenant les produits ci-contre.	DÉSIGNATION DES PRODUITS.	A.	B.	OBSERVATIONS.
fr. c.		fr. c.	fr. c.	
	Chimie organique. (Suite.)			
0 15	5o grammes de camphre de Bornéo....................	0 25	0 25	
0 10	3o grammes d'essence d'amandes amères..................	3 00	3 00	
0 25	2oo grammes de benjoin........	1 80	1 80	
0 20	5o grammes d'acide benzoïque..	2 50	2 50	
0 10	3o ———— d'essence d'anis....	1 50	1 50	
0 10	3o ———— d'essence de menthe.	6 00	6 00	
0 25	15 ———— d'essence de moutarde..................	3 25	3 25	
″	5 grammes d'essence d'ail.......	7 50	7 50	
″	5oo grammes de colophane......	0 40	0 40	
0 10	5o grammes de succin.........	0 30	0 30	
0 15	1oo grammes de gomme laque...	0 80	0 80	
0 60	Térébenthine, baume de Canada, styrax, baume de Tolu.......	4 00	4 00	
″	Caoutchouc en poires et en lames.	2 00	2 00	
″	Gutta-percha..................	2 00	2 00	
0 10	5 grammes de quinine pure.....	5 00	5 00	
0 10	5 ———— de morphine........	3 50	3 50	
0 15	1o grammes de sulfate de quinine.	6 00	6 00	
1 20	Échantillons de quinquina.......	6 00	6 00	
0 30	2oo grammes d'indigo.........	7 00	7 00	
0 15	1oo ———— d'orseille sèche....	1 00	1 00	
0 15	2oo ———— de tournesol en pain.	0 60	0 60	
0 10	5o grammes de cochenille.....	0 80	0 80	
0 20	2oo grammes de garance........	1 60	1 60	
2 80	Échantillons de bois du Brésil, de Fernambouc, de fleurs de carthame, de gaude, de rocou, de quercitron et de bois jaune....	5 00	5 00	

PRIX des FLACONS contenant les produits ci-contre.	DÉSIGNATION DES PRODUITS.	A.	B.	OBSERVATIONS.
fr. c.		fr. c.	fr. c.	
	Chimie organique. (Suite.)			
0 40	200 grammes de bois de Campêche	0 30	0 30	
0 40	1 kilogramme d'acide pyroligneux brut......................	1 75	1 75	
0 60	500 grammes de naphtaline brute.	1 00	1 00	
0 40	500 ———— de paraffine pure...	2 25	2 25	
0 75	100 ———— d'acide phénique cristallisé...................	0 60	0 60	
0 40	1 litre de benzine ordinaire......	2 00	2 00	
0 45	200 grammes de nitrobenzine....	1 20	1 20	
0 45	200 ———— d'aniline rectifiée...	2 00	2 00	
0 35	100 ———— de toluène........	1 20	1 20	
0 35	100 ———— de toluidine......	1 00	1 00	
0 10	20 grammes de fuschine.......	1 00	1 00	
1 20	Autres couleurs d'aniline, échantillons...................	12 00	12 00	
0 15	10 grammes d'urée...........	1 50	1 50	
0 15	50 ———— d'acide urique (excrément de boa).............	2 00	2 00	
0 15	Échantillons de guano.........	0 20	0 20	
0 40	Colle de poisson.............	2 00	2 00	
0 40	Gélatine...................	2 00	2 00	
0 20	200 grammes de vaseline.......	2 00	2 00	
0 30	100 ———— d'anthracène......	3 00	3 00	
0 10	50 grammes d'anthra-quinone...	5 00	3 00	
0 25	Alizarine (échantillon).........	3 50	3 50	
0 10	1 gramme de vanilline.........	2 00	2 00	
0 75	100 grammes d'hydrate de chloral.	1 00	1 00	
0 75	100 ———— de chloral.......	1 50	1 50	
0 50	Échantillons d'acide phtalique, résorcine, fluorescéine, éosine, rose de naphtaline..........	11 00	11 00	

III. ATELIER.

DÉSIGNATION DES OBJETS.	A.	B.	OBSERVATIONS.
	fr. c.	fr. c.	
Un tour à fileter nº 2, de 0ᵐ,160 de hauteur de centre, avec contre-pointe à vis de rappel, support à colonne, mandrin queue de cochon, mandrin toc, une paire de pointes, manchons et leurs peignes, boulons pour le tout....................	140 00	"	
Un banc de tour en hêtre, de 1ᵐ,65 de longueur, boulonné, avec son volant en fonte, de 0ᵐ,70, monté sur traverse, corde et crochets, et le tour fixé..............	80 00	"	
Un mandrin porte-mèche avec six mèches à cuiller Sorby, 2, 5, 7, 9, 11, 14ᵐᵐ ajustées...................................	11 00	"	
Un mandrin à coussinets, monté sur buis...	15 00	"	
Deux mandrins à gobelet, monté sur buis...	14 00	"	
Un compas maître à danser..............	2 50	"	
Douze paires peignes de tour, en plus des deux paires comprises dans le tour........	20 00	"	
Une meule de 0ᵐ,40, montée sur auge en fonte, marchant au pied................	18 00	"	
Un établi de menuisier, de 1ᵐ,50, avec valet et maillet...........................	32 00	"	Prix nets.
Un étau à pied tournant, à rotule, de 23 kilogrammes...........................	30 00	"	
Une paire de mordaches en cuivre........	2 25	"	
Une scie allemande, de 0ᵐ,80, monture en charme...............................	5 75	"	
Une scie à tenons, de 0ᵐ,80, monture en charme...............................	4 00	"	
Une scie à araser, de 0ᵐ,55, monture en charme...............................	2 50	"	
Une scie à chantourner, de 0ᵐ,60, monture en charme...............................	3 00	"	
Cinq ciseaux, de 14, 20, 27, 34 et 40ᵐᵐ, emmanchés.............................	5 00	"	
Un rabot en cormier, contre-fer à vis longue.	5 00	"	

DÉSIGNATION DES OBJETS.	A.	B.	OBSERVATIONS.
	fr. c.	fr. c.	
Une paire d'affûtages en cormier, contre-fer à vis longue..........................	16 00	»	
Un guillaume en cormier..............	2 40	»	
Trois bouvets en cormier, de 14, 20, 27^{mm}.	14 50	»	
Un marteau emmanché, de 0^m,027........	1 60	»	
Un ciseau à froid....................	0 90	»	
Un étau à main, de 0^m,14..............	4 50	»	
Une forge portative, de 0^m,25, double vent, chauffant 0^m,05....................	120 00	»	
Une enclume de 50 kilogrammes, montée sur un billot..........................	85 00	»	
Un marteau à main, de 2 kilogrammes......	4 50	»	
Quatre pinces de forge.................	10 00	»	
Un fer à souder, en cuivre rouge, de 10 onces............................	2 75	»	
Un fer à souder, en cuivre rouge, de 16 onces............................	3 50	»	
Un fer à souder, en cuivre rouge, de 24 onces............................	5 25	»	Prix nets.
Une scie à métaux, montée..............	8 00	»	
Une clef anglaise double, de 0^m,27........	7 50	»	
Une pince à gaz.....................	3 50	»	
Un vilebrequin......................	2 40	»	
Un assortiment de mèches à cuiller, de 2 à 14^{mm}............................	1 90	»	
Un chasse-pointes....................	0 50	»	
Un équarrissoir à 5 pans...............	0 90	»	
Une lime plate, des 1 au paquet, avec manche............................	2 50	»	
Une lime demi-ronde, des 1 au paquet, avec manche............................	2 50	»	
Une lime à main, bâtarde, 200^{mm}, des 1 au paquet, avec manche...............	1 20	»	
Une lime demi-ronde, bâtarde, 200^{mm}, des 1 au paquet, avec manche............	0 80	»	

DÉSIGNATION DES OBJETS.	A.	B.	OBSERVATIONS.
	fr. c.	fr. c.	
Une lime demi-ronde, demi-douce, 125^{mm}..	0 50	//	
Une lime ronde, bâtarde, 175^{mm}.........	0 65	//	
Une pince plate, polie, 150^{mm}..........	1 20	//	
Une pince ronde, 150^{mm}...............	1 20	//	
Une pince coupante, 150^{mm}.............	2 60	//	
Une pierre du Levant, montée...........	6 00	//	Prix nets.
Une râpe plane à main, M. P. de 250^{mm}....	1 25	//	
Une râpe demi-ronde M. P..............	1 10	//	
Une râpe ronde, M. P. de 225^{mm}.........	0 95	//	
Une cisaille.....................	5 00	//	
Un pointeau......................	1 25	//	
Une équerre en cormier................	1 25	//	

Paris, le 3o juin 1884.

Les Membres de la Commission,

H. Bos, V. Dupré, G. Foussereau, H. Amaury.

TABLE.

I. LISTE DES APPAREILS

pour l'enseignement de l'*Arithmétique*, de la *Géométrie*, de la *Cosmographie*, de la *Mécanique*, de la *Physique* et de la *Chimie*.

II. PRODUITS CHIMIQUES.

III. ATELIER.